ムーミン100冊 読書ノート

name: _____

KODANSHA

1冊

タイトル
___

著者名
___

出版社
___

読了日　　　　　　　　　評価

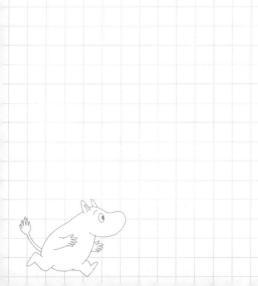

2冊

タイトル

著者名

出版社

読了日　　　　　　　　評価

3冊

タイトル

著者名

出版社

読了日   評価

4冊

タイトル

著者名

出版社

読了日 評価

5冊

タイトル

著者名

出版社

読了日 評価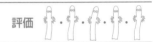

6冊

タイトル

著者名

出版社

読了日　　　　　　　　評価

7冊

タイトル

著者名

出版社

読了日 評価

8冊

タイトル

著者名

出版社

読了日   評価

9冊

タイトル

著者名

出版社

読了日 評価

10冊

タイトル

著者名

出版社

読了日 　　　　　　　　評価

MEMO

11冊

タイトル

___

著者名

___

出版社

___

読了日 評価

12冊

タイトル

著者名

出版社

読了日　　　　　　　評価

13冊

タイトル

著者名

出版社

読了日 評価

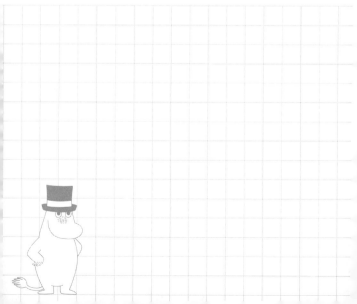

14冊

タイトル

著者名

出版社

読了日 　　　　　　　　評価

15冊

タイトル

著者名

出版社

読了日 評価

16冊

タイトル

著者名

出版社

読了日 評価

17冊

タイトル

著者名

出版社

読了日 評価

18冊

タイトル

著者名

出版社

読了日 　　　　　　　　評価

19冊

タイトル

著者名

出版社

読了日 　　　　　　　評価

20 冊

タイトル

著者名

出版社

読了日   評価

MEMO

21 冊

タイトル

著者名

出版社

読了日 評価

22冊

タイトル

著者名

出版社

読了日 評価

23冊

タイトル

著者名

出版社

読了日　　　　　　　　　評価

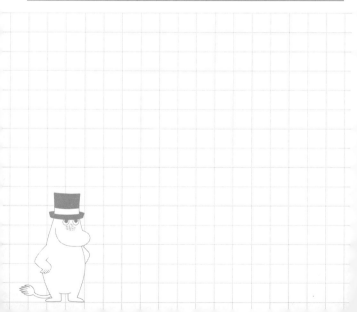

24冊

タイトル

著者名

出版社

読了日　　　　　　　　評価

25冊

タイトル

著者名

出版社

読了日　　　　　　　　評価

26冊

タイトル

著者名

出版社

読了日   評価

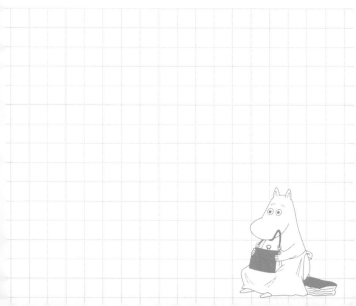

27 冊

タイトル

著者名

出版社

読了日 評価

28冊

タイトル

著者名

出版社

読了日 評価

29冊

タイトル

著者名

出版社

読了日 評価

30冊

タイトル

著者名

出版社

読了日　　　　　　　　　評価

MEMO

31冊

タイトル

著者名

出版社

読了日 　　　　　　　　　評価

32冊

タイトル

著者名

出版社

読了日 評価

33冊

タイトル

著者名

出版社

読了日 　　　　　　　　　評価

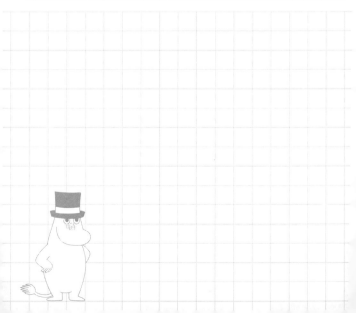

34冊

タイトル

著者名

出版社

読了日 評価

35冊

タイトル

著者名

出版社

読了日　　　　　　　評価

36冊

タイトル

著者名

出版社

読了日 　　　　　　　　　　　評価

37冊

タイトル

著者名

出版社

読了日　　　　　　　　　評価

38冊

タイトル

著者名

出版社

読了日　　　　　　　評価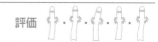

39冊

タイトル

著者名

出版社

読了日　　　　　　　　評価

40 冊

タイトル

著者名

出版社

読了日　　　　　　評価

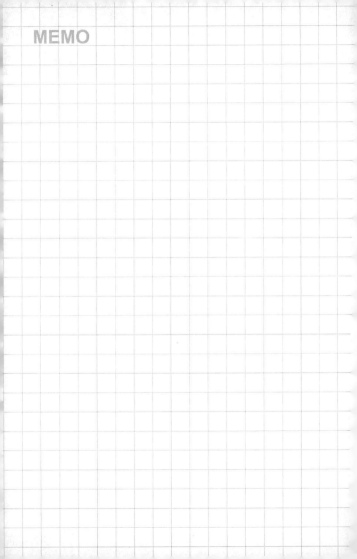

MEMO

41冊

タイトル

著者名

出版社

読了日 評価

42 冊

タイトル

著者名

出版社

読了日　　　　　　　　評価

43冊

タイトル

著者名

出版社

読了日　　　　　　　　評価

44冊

タイトル

著者名

出版社

読了日　　　　　　　　評価

45冊

タイトル

著者名

出版社

読了日 評価

46冊

タイトル

著者名

出版社

読了日 評価

47冊

タイトル

著者名

出版社

読了日　　　　　　　　　　　評価

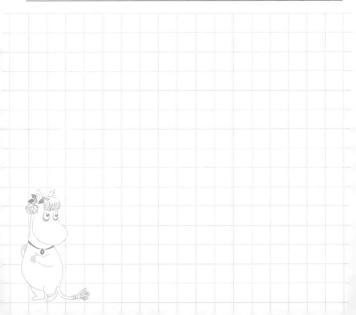

48冊

タイトル

著者名

出版社

読了日　　　　　　　　　評価

49冊

タイトル

著者名

出版社

読了日 　　　　　　　　評価

50冊

タイトル

著者名

出版社

読了日　　　　　　　　評価

51 冊

タイトル

著者名

出版社

読了日 評価

52冊

タイトル

著者名

出版社

読了日 評価

53冊

タイトル

著者名

出版社

読了日　　　　　　　　　　評価

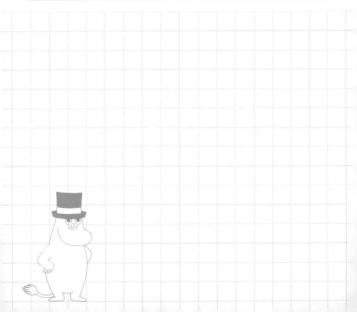

54冊

タイトル

著者名

出版社

読了日　　　　　　　　　評価

55冊

タイトル

著者名

出版社

読了日　　　　　　　　評価

56冊

タイトル

著者名

出版社

読了日　　　　　　　　評価

57冊

タイトル

著者名

出版社

読了日 　　　　　　　　　評価

58冊

タイトル

著者名

出版社

読了日 　　　　　　　　　評価

59冊

タイトル

著者名

出版社

読了日　　　　　　　　　評価

60冊

タイトル

著者名

出版社

読了日　　　　　　　　評価

MEMO

61冊

タイトル

著者名

出版社

読了日 評価

62冊

タイトル

著者名

出版社

読了日 　　　　　　　　　評価

63冊

タイトル

著者名

出版社

読了日　　　　　　　　評価

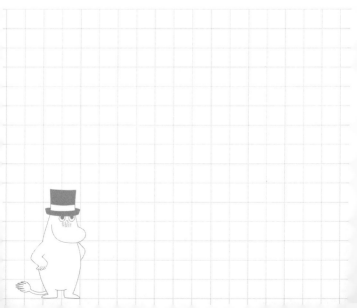

64冊

タイトル

著者名

出版社

読了日　　　　　　　　　評価

65冊

タイトル

著者名

出版社

読了日   評価

66冊

タイトル

著者名

出版社

読了日　　　　　　　評価

67 冊

タイトル

著者名

出版社

読了日 評価

68冊

タイトル

著者名

出版社

読了日 　　　　　　　　評価

69冊

タイトル

著者名

出版社

読了日 　　　　　　　　　評価

70冊

タイトル

著者名

出版社

読了日　　　　　　　評価

71冊

タイトル

著者名

出版社

読了日 評価

72冊

タイトル

著者名

出版社

読了日　　　　　　　　評価

73冊

タイトル

著者名

出版社

読了日 評価

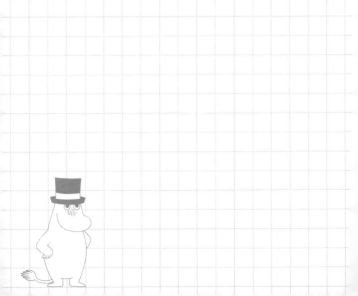

74冊

タイトル

著者名

出版社

読了日　　　　　　　　評価

75冊

タイトル

著者名

出版社

読了日   評価

76冊

タイトル

著者名

出版社

読了日　　　　　　　　　評価

77 冊

タイトル

著者名

出版社

読了日　　　　　　　　　　　評価

78冊

タイトル

著者名

出版社

読了日 評価

79冊

タイトル

著者名

出版社

読了日 　　　　　　　　評価

80冊

タイトル

著者名

出版社

読了日　　　　　　　　　評価

81冊

タイトル

著者名

出版社

読了日　　　　　　　　　評価

82冊

タイトル

著者名

出版社

読了日   評価

83冊

タイトル

著者名

出版社

読了日　　　　　　　　　評価

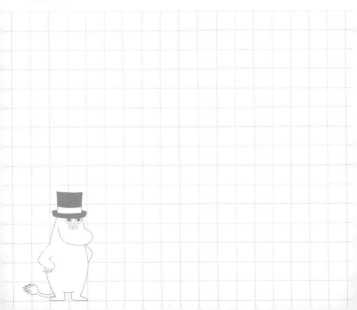

84冊

タイトル

著者名

出版社

読了日   評価

85冊

タイトル

著者名

出版社

読了日 評価

86冊

タイトル

著者名

出版社

読了日   評価

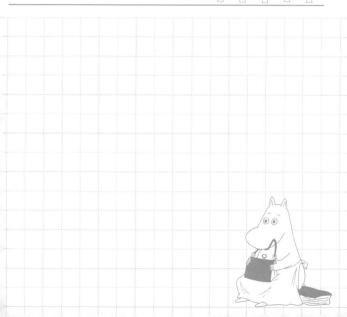

87 冊

タイトル

著者名

出版社

読了日　　　　　　　　　　評価

88冊

タイトル

著者名

出版社

読了日　　　　　　　　評価

89冊

タイトル

著者名

出版社

読了日　　　　　　評価

90冊

タイトル

著者名

出版社

読了日 　　　　　　　　評価

MEMO

91冊

タイトル

著者名

出版社

読了日 評価

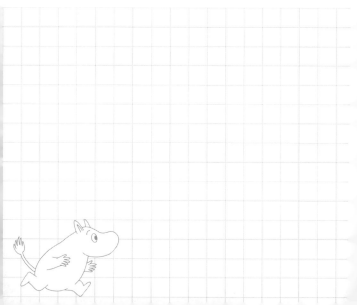

92冊

タイトル

著者名

出版社

読了日　　　　　　　評価

93冊

タイトル

著者名

出版社

読了日 評価

94冊

タイトル

著者名

出版社

読了日 評価

95冊

タイトル

著者名

出版社

読了日 評価

96冊

タイトル

著者名

出版社

読了日　　　　　　　　評価

97冊

タイトル

著者名

出版社

読了日　　　　　　　　　　評価

98冊

タイトル

著者名

出版社

読了日 評価

99冊

タイトル

著者名

出版社

読了日　　　　　　　　　評価

100冊

タイトル

著者名

出版社

読了日　　　　　　　　　評価

MEMO

MEMO

MEMO

MEMO

MEMO

|画家|トーベ・ヤンソン　1914年フィンランドの首都ヘルシンキに生まれ、ストックホルムとパリで絵を学ぶ。1948年に出版した『たのしいムーミン一家』が世界じゅうで大評判となる。2001年6月逝去。

© Moomin Characters ™

ムーミン100冊読書ノート
トーベ・ヤンソン

2016年11月15日　第1刷発行
2023年2月27日　第14刷発行

講談社文庫
定価はカバーに
表示してあります

発行者────鈴木章一
発行所────株式会社　講談社
東京都文京区音羽2-12-21　〒112-8001
電話　編集　(03) 5395-3536
　　　販売　(03) 5395-3625
　　　業務　(03) 5395-3615

デザイン────脇田明日香
印刷────────大日本印刷株式会社
製本────────株式会社国宝社

Printed in Japan

落丁本・乱丁本は購入書店名を明記のうえ、小社業務あてにお送りください。送料は小社負担にてお取替えします。なお、この本の内容についてのお問い合わせは青い鳥文庫編集あてにお願いいたします。

本書のコピー、スキャン、デジタル化等の無断複製は著作権法上での例外を除き禁じられています。本書を代行業者等の第三者に依頼してスキャンやデジタル化することはたとえ個人や家庭内の利用でも著作権法違反です。

ISBN978-4-06-293545-6